17 decembre 1822.

CATALOGUE

DE

TABLEAUX

Et Dessins,

ANCIENS ET MODERNES,

ALBUM, INSTRUMENS DE MUSIQUE, BIJOUX
ET QUELQUES OBJETS DE CURIOSITÉ,

DONT LA VENTE AURA LIEU,

Par suite du décès de M. CHENARD, artiste-dra-
matique du théâtre royal de l'Opéra-Comique,

Le Lundi soir, 17 Décembre 1832, et jours suivans,

Rue et passage Vivienne, N° 6.

———

L'EXPOSITION SERA PUBLIQUE

LES DIMANCHE 16 ET LUNDI 17 DÉCEMBRE 1832, DE
MIDI A QUATRE HEURES.

———

LE PRÉSENT CATALOGUE SE DISTRIBUE :

CHEZ MM. { COUTELLIER, Commissaire-Priseur, rue des Bons-Enfans,
n° 28.
CHARLES PAILLET, Commissaire-Expert honoraire des
Musées royaux, rue Grange-Batelière, n° 24.

———

1832.

D05612

IMPRIMERIE DE DEZAUCHE,
FAUB. MONTMARTRE, N° 11.

NOTICE

SUR FEU CHENARD.

La scène dramatique vient de rester veuve d'un de ses plus chers favoris : Chenard, l'ami des peintres, des poètes et des musiciens, qui partagea glorieusement les succès de l'Opéra-Comique, et dont la carrière théâtrale fut de 48 années, est décédé à l'âge de 75 ans, le 16 Novembre dernier. Né à Auxerre le 20 Mars 1758, d'un père menuisier, il fut élevé à la cathédrale de cette ville, où il composa, à l'âge de 12 ans, un motet; sorti de la maîtrise en 1772, il fut conduit par sa mère à Versailles, chez une parente qui voulut le faire entrer au service; il se sauva et chercha de l'ouvrage comme menuisier. Son goût ou plutôt sa vocation pour la musique fut découvert par un musicien de la chapelle du roi, qui, à la fin de 1774 (année de la mort de Louis XV), le recommanda à mademoiselle Montansier, qui le fit débuter. Il sortit de Versailles pour aller à Valenciennes, Dunkerque et enfin à Bruxelles, d'où il vint à Paris avec son directeur; il fut entendu au concert spirituel en 1782, y obtint un grand succès et reçut un ordre de début pour l'Opéra (Porte-Saint-Martin). Il y resta un an, mais ce genre ne lui convenant pas, il débuta, l'année d'après, aux Italiens. On le dispensa des épreuves ordinaires et il fut reçu, le lendemain même, à quart de part. Retiré du théâtre en 1832, il fournit une carrière de 48 années, pendant lesquelles il fut accueilli du public avec ces marques d'intérêt et de bienveillance qui témoignent de la justice rendue au talent. Un sentiment profond de son art lui faisait imprimer à tous ses rôles le caractère qui leur convenait ; noble, touchant et pathétique, dans les ouvrages de haut style, il devenait aussi observateur fidèle de la nature, il la savait peindre, et, de ces sentimens d'une âme profondément émue, il passait à une gaîté franche et au comique le plus vrai. Habile chanteur, excellent musicien, comédien naturel, il joignait à son talent celui de bon exécutant sur le violoncel; occupé toute sa vie à la culture des arts, la peinture était un de ceux qui ont le plus contribué à charmer ses loisirs. Tous ceux qui ont été à même de le connaître regretteront en lui un ami dévoué, sa fille un père tendre, et les amis des arts un véritable enfant d'Apollon.

CATALOGUE
Des Tableaux
ET DESSINS,
ANCIENS ET MODERNES.

DÉSIGNATION
Des Tableaux terminés et Esquisses,

1. DELAROCHE (M. Paul). — Prisonnier assis sur la paille. C'est une des premières esquisses de la jeunesse de cet habile artiste, qui déjà présageait un beau talent.

2. GASSIES. — Hercule ramenant Alceste dans les bras d'Admète.

3. THEVENIN (M.). — Portrait de Cailleau, de l'ancienne comédie italienne.

4. PICOT (M.). -- Daphnis et Chloé écoutant le berger; esquisse.

5. REGNIER (M.). — Les abords du château de Clisson, représentés par un temps d'hiver et de neige. Les figures sont par M. Xavier Leprince.

6. LE MÊME. — Paysage; vue prise en Savoie.

7. DE BEZ (M.). — Petite étude de paysage.

8. BERTIN (M.). — Paysage de style historique : très-petite dimension.

9. LAURENT. — Un bain oriental.

10. WATELET (M.). — Petit paysage avec cascade.

11. MICHALON. — Fixé; d'après Carel Dujardin.

12. PALIERE (Léon). — Colonnade et vue d'édifice de Rome.

13. DROUAIS (Le Père). — Portrait de Dezède, auteur de *Blaise et Babet*; dimension de nature.

14. LE PRINCE (X.). — Jetée en mer, retenant les eaux; maisonnette et arbustes.

15. LE MÊME. — Vue de la plaine Saint-Denis. Figures de M. Fragonard.

16. LE MÊME. — Étude d'âne près d'une ferme.

17. LE MÊME. — Halte devant une hôtellerie; esquisse d'après Ph. Wouvermans.

18. LE MÊME. — Étude de chat.

19. LEPRINCE (M. Léopold). — Vue d'un lac en Suisse.

20. LE MÊME. — Le soir.

21. LE MÊME. — Les joueurs d'osselets.

22. LE MÊME. — Village sur le bord d'une rivière.

23. LE PRINCE (Gustave). — Intérieur de cuisine.

24. LE MÊME. — Vue d'Ormoy ; étude d'après nature.

25. LE MÊME. — Le retour des champs.

26. LE MÊME. — Moulin à eau, près Paris.

27. DROLING. — Sapho et Phaon.

28. LEFEVRE (ROBERT). — Archimède ; étude du grand tableau.

29. BOILLY, PÈRE (M.). — Jeune femme dans un intérieur d'appartement.

30. — Portrait du duc de Reschtadt, et celui de madame Thalien.

31. DANLOU. — Portrait d'un aveugle.

32. ESCHARD. — Vue de village et tourelle près des bords de la Meuse.

33. BERLOT (M.). — Fixé ; représentant les monumens à la mémoire de Grétry et Dalayrac.

34. MENJAUD. — Esquisse ; sujet de la reine Blanche.

35. LAURENT FILS (M.). — Intérieur de la prison de Marie-Stuart.

36. LE MÊME. — Les deux petits savoyards mangeant leur pain contre une borne.

37. LE MÊME. — Réduction du Galilée.

DÉSIGNATION
Des Dessins et Aquarelles.

38. — Album composé de 84 feuilles, comportant 116 dessins par MM. C. Vernet, Horace Vernet, Boilly père, Jules Boilly, Blondel, Finard, Muneret, Rouget, Gassies, Régnier, Leprince, Roëhen, Truchot, Montfort, Thibaut, Percier, Nicole, Picot, Honel, L. Leprince, Bouton, Hennequin, A. Dumoulin, Gérard, Granet, Bergeret, De Bez, Cherubini, Boieldieu, Roumy, Atoche, de Laval, F. Désorme, Watelet, Garnerey, H. Lecomte, Chasselat, Suéback, Norblin, Chatillon, Joly, Enfantin, Cicéri, Thienon, Maréchal, Mongin et Besso.

39. — Un autre album de 15 feuilles seulement, dont le colleur d'affiches; par M. Carlo Vernet.

40. DEROY (M.). — La vue de la ville de Mantes; dessin lavé.

41. THIBAULT. — Projet de décoration; dessin lavé au bistre et très-légèrement teinté.

42. BOILLY père (M.). — Portraits de della Maria; Rode et Saint-Georges.

43. Le même. — Clairval et Caillau; M. Gérard; Lethier.

44. BOILLY (MM.). — Portraits de MM. Lesueur;

Berthou, Grétry, Méhul, Monsigny et Chérubini, et le portrait de Duport, célèbre violoncelle.

45. — Réunion de cinq portraits; MM. Méhul, Chérubini, Berthon, Grétry et Monsigny. — Portrait de Fleury, célèbre acteur de la comédie française, par M. Hilaire Ledru.

46. — Un cadre de figures à expressions.

47. BOILLY (M. Jules). — Portrait de madame Dugazon; aquarelle.

48. VERNET (M. Horace). — Quatre amateurs du balcon de Feydeau.

49. Le même. — Quatre dessins; croquis d'artiste.

50. Le même. — Portrait d'un amateur habitué de l'Opéra-Comique.

51. ISABEY (M.). — Portrait de M. M***. Portrait de Garat; caricature.

52. Le même. — Portrait de Garat chantant au concert de Feydeau, dessin colorié; et celui d'un célèbre danseur.

53 VERNET (M. C.). — Portrait de Dozainville dans les Chasseurs et la Laitière.

54. Le même. — Portrait de Garat, célèbre chanteur.

55. MEYNIER (M.). — Milon de Crotonne; dessin rehaussé de blanc.

56. HENNEQUIN (M.). — Deux dessins à la plume et lavés au bistre. Dans un cadre.

5;. CARAFE. — Bataille des Pyramides, commandée par le général Junot.

58. LETHIERS. — Sujet allégorique.

PAR DIFFÉRENS ARTISTES.

59. — Dix-sept petits médaillons, dessins et bronze, qui seront divisés.

60. — Dix cadres renfermant différens portraits.

61. — La viste au salon.......

62. — Huit petits dessins et cliché.

63. — Persée venant de délivrer Andromède. Composition d'après Rubens.

64. Mlle Maillard, Tiercelin, Bartolini, par M. Bergeret.

65. — Un fixé; paysage par Sugghen, et une scène hollandaise; Silhouette.

66. — Portrait d'un général; miniature par Berny, et portrait de M. Gilles, violoncelle.

67. — Combat au javelot; dessin à l'imitation des bas-reliefs, par M. Rouget.

68. — Étude d'un grand tableau; dessin rehaussé de blanc.

69. — Homme tenant un aviron; par Leguerchin, et marine, dans le style de Vandevelde.

70. — Paysage et fabrique; genre de Boissieu. Jeu d'enfans; dessin à la plume, et dessin de Tibaldi; bistre.

71. — Marie-Antoinette; dessin de madame Coswey.

72. — Portrait de mademoiselle ***; par M. Bergeret.

73. — Deux paysages et sujets flamands; fixé.

74. — Trois petits portraits, dont celui de Humel.

75. — Quatre petits dessins encadrés; par Nicole.

76. — Portrait de M. Nourri, artiste.

77. — Portrait de M. Guérin, membre de l'Institut; par M. Boilly.

78. — Portrait de Cailleau, celui d'Henri IV, et le Guillaume-Tell, de Vincent.

TABLEAUX PAR DIFFÉRENS MAITRES.

79. TÉNIERS le fils (David). — Le repas sous la treille. Deux paysans, dont un armé d'un verre et l'autre d'une pipe, sont assis près d'un tonneau qui leur sert de table; un autre villageois, appuyé sur son bâton, les aborde, et derrière le groupe des deux figures assises, un vieux fumeur à toque les regarde; une femme sortant de l'auberge apporte un plat et un nouveau pot de bière. Ces cinq figures se détachent sur un fond de maisonnettes légèrement peintes, et au côté opposé quelques bouquets d'arbres et un peu de campagne.

Ce précieux petit tableau est gravé dans l'œuvre de Choiseuil, d'où il est sorti pour faire partie du cabinet de M. de Thélusson, et entré ensuite dans celui de Chenard, qui le possédait depuis trente-cinq ans. Il est considéré comme la plus délicieuse qualité de Téniers.

80. VERBEK. — Repos de chasseurs.

81. LEFEVRE (LE VIEUX). — Portrait d'homme portant la main sur la poitrine.

82. — Par un artiste moderne. Un intérieur de ferme.

83. — Une scène de Voltaire à Ferney; par Aubert et Sablet jeune.

84. ROBERT. — Danse villageoise.

85. — Portraits de Denon, Miss Onheil, madame Lebrun, Carle Vernet et Bartolini; d'après M. Ingres, et une pièce du concours décennal; six estampes encadrées.

OBJETS DIVERS.

86. — Une clef en or avec deux médaillons en fleurs; par M. Vandael.

87. — Portrait de Napoléon; par Muneret.

88. Sachini, camée peint monté en épingle.

89. — Une bague onyx à deux couches Bacchus; monture en or.

90. — Un masque scénique, silex; monté en or.

91. — Une boîte, médaillon marine.

92. — Une lorgnette du nom de Chevalier.

93. — Un piano de Fredenthaler.

94. — Une basse d'auteur, ayant appartenu à Duport.

95. — Environ cinquante partitions, quatuors et quintetti, de Boccherini et autres.

96. — Six pièces, armes orientales, et un couteau du temps d'Henri IV.

97. — Trictrac à ébène et ivoire.

98. — Deux fusils à pistons.

LIVRES.

99. — Les Causes célèbres, 49 volumes, ancienne édition.

100. — Histoire nationale, ou annales de l'Empire français, depuis Clovis jusqu'à nos jours, avec figures, 5 vol.; Paris, 1791 et 1792.

101. — Le Drapeau blanc et la Gazette do France, environ 10 vol., cartonnés, de diverses années de ces journaux.

102. — Blasons, poésies anciennes des 15e et 16e siècles; Paris, 1809. La Poétique de la musique, par M. le comte de Lacépède; Paris, 1785, 2 vol. Lettres sur les spectacles; par M. de B.

103. — Le compère Mathieu, 3 volumes ; Londres, 1772.

104. — Voyages de Volney; Paris, 1787, 2 vol.

104 *Bis.* — Géographie de Lacroix, 2 vol. Institutions mathématiques, par l'abbé Sauri, 1 vol.

105. — Traité de sagesse, par P. Charron; Paris, 1629. Éloge de la folie, par Erasme.

106. — Voyage en Italie, par Meyer; Paris, an X. Poésies de madame la comtesse de Salm; Paris, 1811.

107. — Les Francs-Maçons écrasés; Amsterdam, 1747. Examen politique et critique de la cour de Berlin; par le baron de Trenk.

108. — Anthologie française, 3 vol. ; deux exemplaires et 1 vol.

109. — Mémoires du cardinal duc de Richelieu ; Paris, 1790 , 4 vol.

110. — Antigone , par Ballanche, 2ᵉ édition ; Paris, 1819.

111. — Théâtre des Grecs ; par le P. Brunnoy , 13 vol.

112. — OEuvres de Laujon ; 4 vol.

113. — La Minerve française ; 9 vol.

114. — Essai sur l'histoire de Provence ; 2 volumes in-folio.

115. — Traduction de Jean second ; par Michel Leroux.

116. — Cours complet de Géographie ; par Mentelle. Atlas.

117. — Un lot d'Almanachs chantans , de diverses années et volumes dépareillés.

118. — Ce qui aura été oublié sera compris sous ce numéro.

———

Supplément.

TABLEAUX.

119. MICHALON. — Belle étude faite à Ischia.

120. DEMARNE. — La marre d'Auteuil; du meilleur faire de cet habile artiste.

121. LE MÊME. — Le vin de l'étrier; grand fixé d'un ton chaud.

122. THIBAULT. — Vue prise près de la Salfatura; joli petit tableau.

123. REGNIER (M.). — Vue prise en Angleterre, près Cantorbury; figures de X. *Leprince.*

124. LE COMTE (M. HYPPOLITE). — Marche militaire, costumes du siècle de Louis XIII; l'un des meilleurs tableaux de ce peintre.

125. ROEHN (M.). — Intérieurs de corps-de-garde; deux grands fixés ronds.

126. LEPRINCE (X). — Quatre jolis fixés carrés longs; la voiture de foin, l'abreuvoir, paysages et animaux.

127. LEPRINCE (M. Léopold). — Marche militaire ; fixé.

128. TAUNAY. — Deux petits tableaux pendans, sujets de Paul et Virginie.

129. Le même. — La séduction; composition d'un style noble.

130. DROLING. — Le coucou; petit tableau des plus gracieux.

131. NOEL. — Intérieur d'un monument gothique; figurines de X. Leprince.

132. MICHEL (M.). — Cinq fixés ronds; paysage, le quai Voltaire, intérieur rustique, camp de cosaques, grande route.

133. VALENCIENNE. — Petit fixé très-fin.

134. BELLIER Père. — Le coucher; fixé.

135. L'HERMINIER. — Marine et intérieur de galeries; deux fixés.

136. DESMOULINS (M. Auguste). — Philosophe en méditation; esquisse.

137. VALIN (M.). — Bacchante et satyre; fixé.

138. POLEMBOURG (C.). — Un petit, mais précieux tableau; sujet de philosophe conversant avec deux nymphes dans un paysage mêlé de ruines.

139. ROTHNAMER (Jean).—Histoire de l'enfant prodigue, son départ, sa débauche, sa misère et son retour dans la maison paternelle; quatre tableaux sur cuivre et dans la couleur de l'école vénitienne.

140. ADAM (M. Victor). — Un obus éclatant près d'un caisson d'artillerie ; à travers la fumée on aperçoit une charge de cavalerie.

141. BILCOQ (M.). — Charlatan, médecin aux urines, et Anette et Lubin; deux petits tableaux en pendant.

142. CASANOVE. — Un jeune chasseur à cheval.

143. COIGNET (M.). — Vue de l'emplacement de la ville d'Agrigente, en Sicile, prise des hauteurs.

144. MERIMÉE (M.). — Esquisse de la bacchante peinte à Rome.

145. MEUNIER (M.). — Paysage touché avec esprit et d'une couleur harmonieuse.

146. VOLMAR (M.). Paysage au soleil couchant.

147. DEMARNE (Genre de). — Deux études de moutons.

DESSINS

PAR DIFFÉRENS ARTISTES.

148. SWEBACK Père. — Deux dessins.

149. DECAMPS (M.). — Chasse au marais; dessin très-capital.

150. CHARLET (M.). — Charges de corps-de-garde; aquarelle.

151. MARTINET (M.). — Trois grands dessins; maréchaux ferrans, etc.

152. FRANCIA (M.). — Marine sur papier bleu; église et fabriques; aquarelle.

153. NICOLE. — Oratorio et vue de la place St-Pierre.

154. LAFITTE. — Une tête ; dessin.

155. MACH. — La jalousie; sépia.

156. — Aquarelle par un artiste anglais.

157. BOISSIEU (D.).— Un dessin capital lavé à l'encre de Chine; Vue des bords du Tibre : en avant, de charmantes figures; dans le bas, écrit *Vue dessinée au bord du Tibre.*

158. LE MÊME. — Dessin de l'exécution la plus précieuse, à l'encre de chine et au bistre, étude prise dans une cour, près d'une maison rustique.

159. NICOLE. — Aquarelle curieuse par son exactitude, représentant le parc de la Malmaison.

160. HORTENSE (LA REINE). — Un dessin très-curieux. Il fut dessiné et donné par la reine Hortense à vivant Denon. Il représente saint Jean, en buste, dessiné au lavis au bistre. Il est signé.

161. GREUZE. — Tête de jeune fille de profil, au crayon rouge. Belle étude.

162. — MAKENSI. — Intérieur d'une cathédrale. Aquarelle anglaise.

163. GIRODET. — Romulus faisant tuer Tatius dans un

sacrifice. Dessin de son prix. Le prix remporté est dans le musée de la ville d'Angers.

DESSINS PAR M. ***

164. — Vue d'un pont et fontaine publique. Deux dessins.

165. — Intérieur d'une forêt et vue des dunes de Dieppe. Deux dessins.

166. — Vue de campagne avec militaires et moulin à eau. Deux dessins.

167. — Deux vues de Suisse.

168. — Lac de Genève et rivière du Dauphiné. Deux dessins.

169. — Costumes militaires. — Suite.

170. — Dix-sept grandes feuilles, fleurs et grappes de raisin. Trois lots.

171. — Intérieur d'une église gothique.

172. — Quatre vues de mer sur une feuille.

173. — Suite de 103. Dessins de Wicar d'après les tableaux et statues de la galerie de Florence.

Ces dessins inédits auront pour l'acquéreur l'avantage de pouvoir être gravés ou lithographiés pour faire suite à la galerie de Florence.

OBJETS DIVERS,

174. — Un thé composé de théyère, jatte à lait et deux tasses avec soucoupes, à sujet de faisans.

175. — Un sucrier bleu et un autre à dessins d'arabesques.

176. — Modèle de canon, argent et ivoire, avec son train complet. Offert à l'impératrice en 1807.

177. — Cabaret en porcelaine de Sèvres, et composé de quatre tasses, sucrier, théyère, pot à lait.

178. — Vase, cassolette, monté en bronze doré.

179. — Taureau en bronze, monté sur marbre.

180. — Une tasse en porcelaine de Sèvres avec attributs.

181. — Deux colonnes en rouge antique.

182. — Vase forme allongée, rouge antique.

183. — Deux figures, porcelaine de Chine, socle en bronze d'or moulu.

184. — Obélisque en albâtre oriental, sur pied en jaune antique.

185. — Aiguière avec sa cuvette en émail.

186. — Deux chevaux, bronze sur socles.

187. — Cinq pièces en céladon, montées en bronze doré.

ESQUISSES

DE PEINTRES DE L'ÉCOLE FRANÇAISE, AYANT OBTENU
DE GRANDS PRIX ET DEVENUS ACADÉMICIENS.

188. FRAGONARD. — Charité romaine.

189. MÉNAGEOT. — Méléagre.

190. BIEYNIER. — L'enfant prodigue.

191. LETHIERS. — Eléazard.

192. BOURDON. — Enée recevant ses armes.

193. DAVID. — Héliodore battu de verges.

194. ROBERT. — Intérieur d'une grotte.

195. LOIR. (NICOLAS.) — Ananie.

196. SUVÉE. — Saint Pierre délivré de sa prison.

197. ROBERT–LEFÈVRE. — Phocion.

198. ROSE DE TIVOLI. — Réunion d'animaux.

199. THEVENIN. — Romulus tuant Tatius au milieu
d'un sacrifice.

200. LAGRÉNÉE. — Saint François et la Vierge.

201. GAUFFIER. — Astjanax.

202. LE MÊME. — Scène napolitaine.

203. BARTHLEMI. — Communion de saint Louis.

204. GAUFFIER. — La Chananéenne.

205. BOUCHET. — Serment d'un Spartiate au moment
du combat.

206. ROBERT. — Louis XIV examinant un plan qui lui est présenté.

207. TAUNAY. — La fureur de Roland.

208. VIEN. — La mort d'Hector.

208 *bis*. RUBENS (D'APRÈS). — Chasse au tigre.

TABLEAUX.

209. GREUZE. — Une jeune fille, vue presque à mi-corps. L'artiste semble avoir voulu dans cette figure représenter la réflexion. Elle tient une lettre, son attitude et son regard indiquent parfaitement la préoccupation que produit sur son esprit ce qu'elle vient de lire. Une robe jaune et un fichu légèrement entr'ouvert font valoir le ton des chairs, qui est d'une vérité parfaite.

210. DEMARNE. — La route de Saint-Denis. Ce tableau, de la meilleure manière, fut le premier de ce genre que Demarne exposa au salon, et eut un grand succès autant par le mérite de l'exécution que par la nouveauté de son genre ; aussi a-t-il été gravé.

Nombre de figures et d'animaux animent ce site ; des arbres élevés, d'une perspective parfaite, augmentent l'illusion que produit ce tableau, imitation exacte de la nature.

211. — TINGEL. (J.-W. DE ROTTERDAM.) Deux jolies marines, représentées par un temps calme ; plusieurs cha-

loupes et barques garnissent les différens plans de ces deux tableaux, qui rappellent parfaitement les points de vue de la Hollande.

212. ÉCOLE HOLLANDAISE MODERNE. — Un tableau exécuté avec soin dans tous ses détails représentant un canal de la ville d'Utrecht, bordé de maisons et bâtimens divers.

213. VON (HENRI, d'UTRECHT). — Un tableau traité dans la manière de Vander-Leyden, il représente une petite place dont une partie est dans l'ombre et l'autre est éclairée par le soleil. Les maisons en briques, ou peintes de diverses couleurs, sont rendues avec beaucoup de vérité. Quelques figures font valoir la vérité des détails.

214. FRAZER. ÉCOLE ANGLAISE. — Un jeune Écossais vient de distraire une jeune et jolie fille occupée à filer, elle le regarde en souriant. Cette scène est éclairée par le jour vif d'une croisée qui frappe aussi sur divers détails rendus avec beaucoup de vérité. Dans le fond, on aperçoit une cheminée chauffée par un feu de tourbe. Un chien barbet et nombre d'accessoires enrichissent encore cette composition, que l'artiste a traitée en coloriste. Cet artiste, émule de Wilkie, marche sur ses traces.

215. VANDE - VELDE. (ISAÏE). — Un tableau curieux sous le rapport des costumes et du site, représentant une marche d'armée près d'un fort au bord de l'Escaut.

216. CANELLA. — Vue des Invalides.

217. LE MÊME. — Vue de la rue de Rivoli.

218. LE MÊME. — Vue de l'église de la Madeleine.

219. LE MÊME. — Vue du boulevard Montmartre , effet de nuit.

PAR DIVERS PEINTRES.

220. — Site d'Arcadie , avec figures et animaux , par Breemberg.

221. PLANSON. (M.) — Une vue prise du Pont-Neuf.

222. — Vingt médailles en bronze, dans leur étui de maroquin.

223. — Esquisse très-avancée par Joseph Vernet et donnée par lui à son fils.

224. — Bataille sous le commandement du général Junot, esquisse par Horace Vernet.

225. — Plusieurs aquarelles sous verre.

226. — Quatre autres sur papier.

227. — Une grande forêt ; sépia.

228. — Le lever et le coucher du soleil , deux tableaux capitaux par DEMARNE , inspirés de Lantara.

229. — Les articles omis.

FIN.

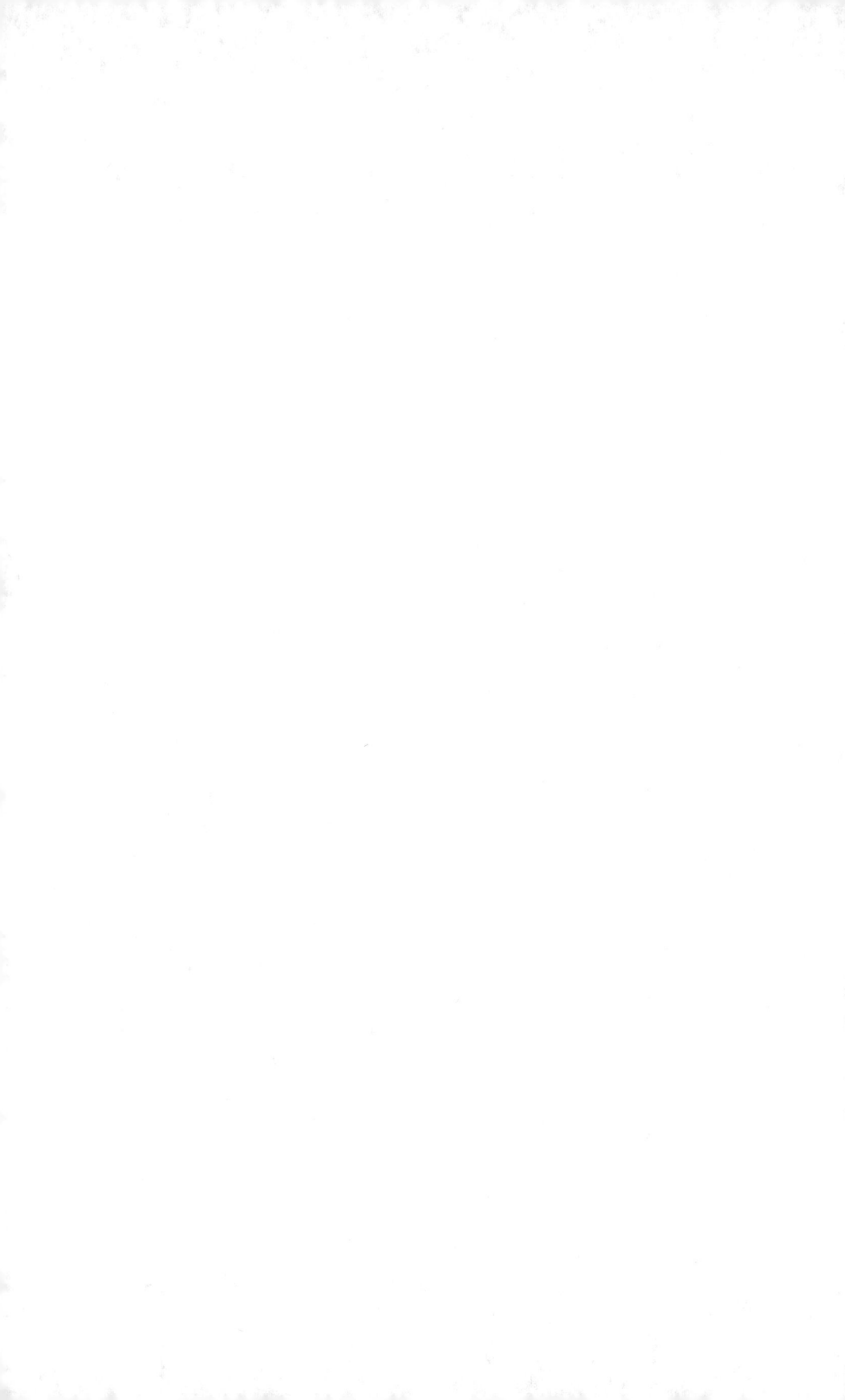

www.ingramcontent.com/pod-product-compliance
Lightning Source LLC
Chambersburg PA
CBHW030129230526
45469CB00005B/1872